Eva Schatz

Scheherazades Für Singles

Ein Hauch von 1001 Nacht

Autorin Eva Schatz
Verlag: BoD – Books on Demand, Norderstedt
ISBN: 978-3-7357-5060-0 – für nur 3,99 Euro

Inhalt: Alle Rezepte für 1 Person

Anleitung für „Im Glas backen, Kürbissuppe mit Linsen und Kartoffeln, Nudelsalat mit Feigen und Datteln, Minze-Nudeln mit Crème fraîche, Tomatensalat mit Joghurt und Sesam, Orientalischer Bananentopf mit Reis, Zimt-Kartoffeln mit Aubergine, Orientalische Tofu-Pastete, Kichererbsensuppe mit Chiliflocken, Joghurt-Nudeln mit Hackfleisch, Auflauf mit Hackfleisch und Reis, Hackbraten mit Whisky, Rindfleisch in Kokosmilch, Rinderfilets in Ananas-Curry, Okra mit Hackfleisch, Mango-Zucchini Salat, Orientalisches Dattelhühnchen, Orientalisches Wurstgulasch, Kalbsschnitzel mit Zitronengras, Pfeffer-Steak mit Kornblumenblütenblättern, Kornblumenblütenblätter Likör, Erdbeereis (ohne Zucker), Schokoladenverführung mit Chili, Bananen-Mascarpone, Große Buchreihe: SCHEHERAZADE

Viele verschiedene Autoren beteiligen sich nacheinander an diesem Großprojekt, die auf einer Idee von der bekannten Autorin Jutta Schütz basiert. In der Einleitung erzählt die Autorin Schütz (in jedem Buch zu finden) kurz die Geschichte von Scheherazade. Sie basiert auf einer alten persischen Märchensammlung mit dem Namen Hezâr Afsâna, Tausend Mythen. Anschließend kommen die Rezepte des Autors. http://www.jutta-schuetz-autorin.de/
Die Rezepte sind raffiniert gezaubert und der orientalischen Küche angepasst. Hier kommen die Gourmets auf ihre Kosten. Mit ihren Gerüchen von Safran, Cayennepfeffer, Zimt, Kurkuma und Koriander ist die orientalische Küche ein wahres Feuerwerk für unsere Sinne. Auch hier in Deutschland hat die orientalische Küche viele Anhänger gefunden. Die große Vielzahl an unterschiedlichen Gewürzen und Geschmacksrichtungen sorgt für große Abwechslung auf dem Speiseplan.

EVA SCHATZ

Eva Schatz wurde als Deutsche in England geboren, lebt in der Schweiz und in New York. Ihre Berufe: Jura sowie Studium der evangelischen Theologie mit dem Schwerpunkt Kirchen- und Theologiegeschichte.

Webseite:

Literatur – Rezensionen Buchtipps

http://literatur-rezensionen-buchtipps.jimdo.com/

Pressemappe und Vita:

http://www.news4press.com/News/archiv.asp?ID=24942

Ich bedanke mich recht herzlich bei meiner Mentorin Jutta Schütz, dass sie mir dieses Buch ermöglicht hat und ich bewundere ihren Tatendrang und den Willen, etwas zu bewegen.

Abkürzungen/Erklärungen

Bobath-Konzept: auf neurophysiologischer Basis
CT – Computertomographie
ED: Encephalomyelitis disseminata
Elektroenzephalographie: Messung von Potenzialen im Gehirn
Evozierte Potenziale: Messung der Funktionsfähigkeit von Nervenbahnen
Fatigue: Müdigkeit
Hippotherapie: therapeutisches Reiten
Liquorpunktion: Es wird Gehirn-Rückenmark-Flüssigkeit (Liquor) entnommen
Low Carb: Wenig Kohlenhydrate
MRT: Magnetresonanztomographie
MS: Multiple Sklerose
Myelographie: Eine Untersuchung für die Darstellung des Raums zwischen Rückenmark und Hirnhäuten
Perimetrie: Verfahren zur Bestimmung des Gesichtsfelds
Spastiken. Muskelverkrampfungen
Zytokine: körpereigene Substanzen, die dem Immunsystem helfen andere Zellen zu aktivieren
ZNS: Zentrale Nervensystem

© 2015 Autorin: Eva Schatz

© 2015 Buchsatz: Jutta Schütz
info.jschuetz@googlemail.com
http://www.jutta-schuetz-autorin.de/

© 2015 Herstellung und Verlag:
BoD – Books on Demand, Norderstedt.

ISBN: 9783734765193

Bibliografische Information der Deutschen Nationalbibliothek:
Die Deutsche Nationalbibliothek verzeichnet diese Publikation in der Deutschen Nationalbibliografie; detaillierte bibliografische Daten sind im Internet über http://dnb.d-nb.de abrufbar.

Eva Schatz

Das andere MS-Buch

Multiple Sklerose

INHALTSVERZEICHNIS

Vita

Abkürzungen/Erklärungen

Inhaltsverzeichnis

Warum ich über MS schreibe

Was ist MS?

Symptome bei Multipler Sklerose

Woher kommt (wie entsteht) MS?

Kann man der MS vorbeugen?

Uhthoff-Phänomen

Medikamente und konservative Behandlung

MS und die Psyche

Positive Impulse für MS

Ernährung

Rezepte

Warum ich über MS schreibe

Ich schreibe über diese Krankheit, weil meine Schwester daran erkrankt war. Und natürlich war ich auch dadurch sehr betroffen und habe mitgelitten.

Vor drei Jahren ist sie verstorben.

Nein, sie ist nicht an dieser Krankheit verstorben, sondern durch einen Autounfall.

Auch meine Mutter hatte diese Krankheit. Sie wurde 84 Jahre alt.

Warum schreibe ich nun ein MS-Buch, wo es doch schon so viele gibt, die von Ärzten und Selbstbetroffenen geschrieben sind.

Für mich waren diese Bücher niemals eine Hilfe.

Diese Bücher sind vollgeschrieben mit vielen Fachausdrücken. Auch die Selbsthilfebücher von MS-Kranken benutzen eine Menge dieser Fachausdrücke.

Viele Jahre schrieb ich in MS-Foren und das hat mir auch nicht wirklich geholfen, eher im Gegenteil.

Oft war es für mich erschütternd zu lesen, wie sich MS-Kranke gegenseitig mobben und zerfleischen.

Nun hoffe ich, dass ich mit weniger Infos für den Anfang Hilfe geben kann. Wer sich intensiver informieren möchte, kann zu umfangreicheren Büchern greifen.

Auch wollte ich, dass dieses kleine Büchlein mit den Kurz-Infos über MS unter 4,-- Euro zu erwerben ist.

Was ist MS?

Multiple Sklerose wird auch MS genannt.

MS wird auch Encephalomyelitis disseminata, ED genannt.

> *Multiple:* Mehrfach, vielschichtig, vielseitig

> *Sklerose:* Es ist eine Verhärtung oder Verkalkung durch die Vermehrung des Bindegewebes. Es kann zu Narbenbildung führen.

Es ist bis heute unbekannt, seit wann es diese Krankheit gibt. Bis zum Mittelalter gibt es keine medizinischen Beschreibungen, die auf diese Erkrankung hindeuten. Die Geschichte von der Heiligen Lidwina von Schiedam soll der erste interpretierte Fall sein. Einen Beweis gibt es aber nicht.

MS ist eine chronische und entzündliche Nervenentzündung.

Betroffen sind die Nerven des Rückenmarks und des Gehirns.

Das heißt, dass das sogenannte Zentrale-Nervensystem (ZNS) betroffen ist.

MS schädigt die Hüllschicht der Nerven.

Die Nervenhüllen sind mit der Isolierschicht eines Stromkabels zu vergleichen.

MS kann bisher nicht geheilt, aber behandelt werden.

Die Erkrankung verläuft bei jedem Menschen unterschiedlich.

Die Verlaufsformen der MS sind:

➢ der schubförmige und

➢ der chronisch-progrediente Verlauf

Je nachdem, welche Nervenfasern betroffen sind, treten unterschiedlichste Beschwerden auf.

Eine Erstmanifestation der MS durch einen Neurologen findet meist im Alter zwischen 20 und 40 statt und es vergehen oft einige Jahre bis zur sicheren Diagnosestellung.

In Deutschland leiden schätzungsweise 120.000 Menschen an dieser Krankheit, weltweit wird die Zahl der Betroffenen auf über 2,5 Millionen geschätzt.

Frauen erkranken doppelt so häufig an MS wie Männer.

Eine der wichtigsten Untersuchungen ist die Liquorpunktion. Hier werden Betroffenen Gehirn-Rückenmark-Flüssigkeit (Liquor) entnommen. Durch diese Untersuchung können typische Veränderungen nachgewiesen werden. Dies trifft aber nicht in allen Fällen zu.

Läsionen im Gehirn und im Rückenmark können mit Hilfe der Magnetresonanztomographie (MRT) nachgewiesen werden.

Hinzu kommen noch:

CT – Computertomographie

Perimetrie (Verfahren zur Bestimmung des Gesichtsfelds)

Evozierte Potenziale (Messung der Funktionsfähigkeit von Nervenbahnen)

Myelographie (Eine Untersuchung für die Darstellung des Raums zwischen Rückenmark und Hirnhäuten)

Elektroenzephalographie (Eine Messung von Potenzialen im Gehirn)

Symptome bei Multipler Sklerose

Im Laufe der MS-Erkrankung haben mehr als die Hälfte der Patienten Gleichgewichtsstörungen oder Spastiken und sind häufig müde.

Außerdem haben MS-Kranke ein Schwächegefühl in den Armen oder Beinen oder können ihre Blase nicht richtig entleeren.

Bei Männern macht sich eine Erektionsstörung bemerkbar.

Frauen verlieren die Lust am Sex.

75% der MS-Patienten haben Sehstörungen auf einem Auge, manche sehen alles doppelt.

Es gibt bestimmte Symptome, die sich in fast allen fortgeschrittenen Fällen von MS finden.

➢ Schmerzen

➢ Depressionen

➢ Spastische Lähmungen

➢ Müdikeit

➢ Gang- und Sehstörungen

➢ Doppelbilder

➢ Schwindel

➢ Missempfindungen

➢ Blasenstörungen

Woher kommt (wie entsteht) MS?

Die Ursache der MS-Erkrankung ist immer noch unbekannt.

Es gibt Vermutungen, diese sind aber von der Wissenschaft nicht bestätigt.

Umweltfaktoren sowie die Genetik könnten eine Rolle spielen.

Das Gehirn, das eine Art Schaltzentrale darstellt, sendet und empfängt Signale über das Rückenmark zum Körper. Diese Signale werden von verschiedenen Nervenfasern geleitet. Im Rückenmark und im Gehirn finden sich bei MS-Kranken Entzündungsherde. Dadurch wird das Myelin zerstört. Diese Entzündungen bilden sich später zurück und verhärten. Es bilden sich Narben.

Myelin ist eine lipidreiche Biomembran, welche die Axone der meisten Nervenzellen von Wirbeltieren spiralförmig umgibt und elektrisch isoliert.

Es wird häufig vermutet, dass ein bestimmter Erreger die MS verursacht. Dies konnte bis heute aber noch nie nachgewiesen werden. Fest steht nur, dass das Immunsystem bei MS fehlgesteuert ist. MS wird deshalb häufig als Autoimmunerkrankung bezeichnet. Die Ursache für diese Fehlsteuerung ist jedoch nicht bekannt.

Fazit: Experten erklären zwei Faktoren für die Entstehung einer MS-Erkrankung:

> *Die genetische Veranlagung:* Die Wissenschaft stellte fest, dass in Familien, in denen bereits ein Mitglied erkrankt ist, die Nachkommen ein erhöhtes Risikohaben, ebenfalls an MS zu erkranken.

> *Die Entgleisung des Immunsystems:* Eventuell durch eine Infektion mit Viren, die das Nervensystem befallen. Diskutiert werden das Epstein-Barr-Virus (EBV) und das Herpesvirus.

Gibt es ein MS-Virus?

Im April 1940 landeten die ersten englischen Soldaten auf den Färöern, einer kleinen Inselgruppe genau in der Mitte zwischen Schottland und Island. Bislang hatte es hier keine MS gegeben. Von 1940 bis 1945 kam es zu einer sich wellenförmig ausbreitenden Epidemie, die in den letzten Jahren wieder abgeflaut ist. Es handelt sich um die einzige bekannte MS-Epidemie. Viele mögliche Ursachen wurden erwogen. Ein Zusammenhang schien besonders erfolgversprechend zu sein: Die Eingeborenen auf den Färöer-Inseln hielten keine Hunde; diese wurden erst von den Soldaten mitgebracht.

1977 erschienen in der angesehenen medizinischen Zeitschrift "Lancet" mehrere Artikel, die sich ebenfalls mit einem möglichen Zusammenhang zwischen MS und Hunden befasste. So wurde zum Beispiel von einer Familie berichtet, in der es zu einer tragischen Häufung von MS-Fällen gekommen war. Die Eltern hatten vier Töchter, von denen im Jahre 1974 bei dreien die ersten Symptome einer MS auftraten. Die vierte Schwester hatte keine neurologischen Symptome. Sie hatte das Elternhaus bereits 1971 verlassen. Es hatte ein intensiver Kontakt zwischen den drei erkrankten Schwestern und einem betagten Hund der Familie stattgefunden, der im Dezember 1973 eine akute Enzephalopathie erlitt. Bei der tierärztlichen Untersuchung zeigte er einen gestörten, ataktischen Gang und einen Nystagmus ("tanzende"

Augen). Eine Behandlung des Hundes mit Cortison und Phenytoin führte zu einer völligen Gesundung innerhalb von zwei bis drei Wochen. Als mögliche Erklärung wurde die Übertragung eines Krankheitserregers, z. B. des Staupevirus, vom Hund auf die drei Schwestern diskutiert.

Quelle: http://www.eco-wellness.de/basics/archiv/172/index.htm

Autor Wolfgang Weihe aus NATUR & HEILEN 4/1999 Literatur:

Wolfgang Weihe: Multiple Sklerose - Eine Einführung. Carl Gustav Carus-Verlag, 1998, Postfach 1129, 34594 Bad Zwesten. ISBN 3-933378-00-1.

Kann man der MS vorbeugen?

Die Ursachen sind also unklar! Wissenschaftlich sei es auch nicht möglich der MS vorzubeugen. Aber man kann mit einem frühen Einsatz einer Therapie die Krankheit beeinflussen.

Je früher die richtigen Therapiemaßnahmen eingesetzt werden, desto eher kann das Fortschreiten der MS verzögert werden.

Wodurch die Schübe bei der Krankheit ausgelöst werden, ist noch unbekannt.

Negativer Lebensstyle sowie auch Stress fördern offensichtlich neue Schübe.

Die meisten MS-Kranken können außerdem keine Hitze vertragen.

Außerdem sollte eine gesunde Ernährung eingehalten werden.

Uhthoff-Phänomen

Das Uhthoff-Phänomen ist ein gängiger medizinischer Terminus, der die Verschlimmerung der gesamten MS-Symptomatik bei erhöhten Temperaturen beschreibt.

Für MS-Betroffene ist der heiße Sommer ein Problem. Warme Temperaturen werden zur Qual.

MS-Kranke fühlen sich oft matt und sind in ihrer Leistungsfähigkeit eingeschränkt.

Der deutsche Augenarzt Wilhelm Uhthoff beschrieb 1890 diese Problematik.

Man weiß heute, dass das Uhthoff-Phänomen bei allen Erkrankungen auftreten kann, die mit beschädigten Markscheiden der Nervenfasern einhergehen.

Ein heißes Bad, warmes Wetter oder Fieber können schon zur Verschlimmerung der MS-Symptome führen.

Viele Menschen mit MS bemerken, dass ihre Sehkraft unter dem Einfluss von Wärme eingeschränkt ist. Plötzlich sehen sie verschwommen und auch die Farbwahrnehmung kann verändert sein. Andere verstärkte Störungen mit Fatigue sind Gefühlsstörungen oder Spastik.

Es wurde beobachtet, dass die angestiegene Körpertemperatur die Nervenimpulse verlangsamt. Die Folge ist dann, dass das Reaktionsvermögen sowie die Konzentrationsfähigkeit vermindert sind.

Medikamente und konservative Behandlung

Die Krankheit MS gilt heute immer noch als unheilbar.

Kortison hat sich während des akuten Schubs bewährt. Es ist entzündungshemmend und hat auch eine unterdrückende Wirkung auf das Immunsystem.

Bei der Entwicklung von Läsionen spielen Zytokine eine zentrale Rolle. Zytokine, die sich bei MS am besten als Therapeutika bewährt haben, sind die Interferone.

Auch die immunmodulatorische Therapie wird häufig bei MS eingesetzt.

Seit ein paar Jahren wird eine neue Therapie eingesetzt: Die Plasmapherese, auch Blutwäsche genannt. Sie kommt aber nur unter bestimmten Voraussetzungen in Frage.

Die Spastik kann durch eine Medikamentengabe (Muskelrelaxantien) gehemmt werden. Intrathekale Baclofentherapie ist eine gute Möglichkeit.

Die konservative Behandlung mit Physiotherapie, Ergotherapie sowie auch von Logopädie ist ein wichtiger Teil. So kann sie muskuläre Probleme lindern und vorbeugen.

Es gibt auch eine Reihe von speziellen Therapiearten wie:

- ➤ Bobath-Konzept (auf neurophysiologischer Basis)
- ➤ Hippotherapie (therapeutisches Reiten)
- ➤ Beckenbodengymnastik
- ➤ Entspannungstechniken wie Yoga oder autogenes Training.

MS und die Psyche

Betroffene sowie auch Angehörige trifft die Diagnose „Multiple Sklerose" wie ein Schlag.

Es ist die Unsicherheit, die für die Psyche sehr belastend ist. Die Reaktionen sind Angst, Panik, Schock, Verzweiflung und auch Resignation. Die Gefühle wirbeln durcheinander.

Auch die Krankheit selbst, kann sich auf die Psyche auswirken.

Zu den Symptomen einer Depression zählen:

➢ Gereiztheit

➢ Traurigkeit

➢ Müdigkeit

➢ Schlafstörungen

➢ Mangelnde Leistungsfähigkeit

➢ Mangelnde Konzentrationsfähigkeit

➢ Der Verlust des Interesses an Dingen des täglichen Lebens

➢ Die Unfähigkeit, Freude zu empfinden

➢ Verlangsamung des Denkens und Tuns

➢ Gefühle der Wertlosigkeit

Betroffene beschreiben die Depression als Unfähigkeit, überhaupt noch Gefühle empfinden zu können. Sie fühlen eine innerliche Leere.

Positive Impulse für MS

Wenn man mit der Diagnose MS konfrontiert wird, ist man zuerst in einem Schockzustand. Heute weiß man, dass diese Krankheit in den meisten Fällen nicht tödlich ist. Die Lebenserwartung ist nicht direkt beeinträchtigt.

Es ist wichtig, dass man lernt, diese Krankheit zu akzeptieren und mit dem Verlauf der Krankheit zu leben. Hier hilft das positive Denken, auch wenn dies MS-Kranken zu Anfang sehr schwer fällt. Das positive Denken hat vielleicht keinen direkt messbaren Einfluss auf die Erkrankung, doch das eigene Selbstbild und Selbstwertgefühl können damit positiv beeinflusst werden.

Das Symptom „Fatigue" behindert das „positive Denken".

Die als lähmend empfundene Müdigkeit schränkt körperlich ein und blockiert auch die positiven Gedanken. Oft entsteht dann ein Teufelskreis und kann in einer Depression enden.

Es ist sehr wichtig, dass MS-Kranke weiterhin Gelegenheiten suchen, um am gesellschaftlichen Leben teilzunehmen. Es ist aber auch wichtig, dass sie das Einhalten neuer Grenzen, die die Krankheit vorgibt, neu erlernen und diese keinen sozialen Rückzug bedeuten muss.

MS-Kranke fühlen sich nach einiger Zeit wieder etwas sicherer. Sie müssen ihren Mitmenschen deutlich machen, dass sie kein Objekt des Mitleids sind. Es gibt Dinge, die sie weiterhin tun können.

Das Lachen kann sehr erleichtern und kann auch helfen, Schwierigkeiten ins richtige Licht zu rücken. MS-Kranke sollten MS als einen Neubeginn und nicht als das Ende ihres Lebens betrachten.

Ernährung

Seit ein paar Jahren gibt es wissenschaftliche Studien, dass auch bei Multiple Sklerose positive Wirkungen mit einer Low Carb Ernährung beobachtet wurden.

Bei vielen neurologischen Erkrankungen, wie MS, Epilepsie, Demenz, Alzheimer und Parkinson, spiele oxidativer Stress eine Rolle.

Ein Zuviel an Kohlenhydraten könne diesen oxidativen Stress verstärken.

Quelle: Neurologe Friedemann Paul vom Universitätsklinikum Charité in Berlin.

Es wird berichtet, dass oxidativer Stress - sogenannte freie Radikale beim Stoffwechsel entstehen, welche die Entstehung von Krebs verursachen könnten.

Einige Studienteilnehmer hätten später berichtet, dass sie geistig wacher seien. Probanden der MS-Studie der Charité sagten, deutlich verbessert habe sich auch ihre Beweglichkeit.

Nun, wo ich bei der Stelle „Low Carb" angelangt bin, möchte ich auf Texte von der Autorin „Jutta Schütz" zu greifen.

Die darf ich „mit freundlicher Genehmigung von Jutta Schütz" hier in diesem Buch veröffentlichen.

Infos über die Ernährung Low-Carb (Kohlenhydratreduziert)

Quell: © 2015 Jutta Schütz (kostenloses PDF-Buch)

siehe Webseite:

http://www.jutta-schuetz-autorin.de/

Low Carb, die Reduktion von Kohlenhydraten ist im Moment der populärste Diät-Trend der letzten Jahre. Eine Flut von immer neuen Ernährungsempfehlungen geistert durch die Medien. Welche Informationen zur Ernährung und Gesundheit sind glaubwürdig und wirklich fundiert?

Hinter vielen Sachinformationen stecken große Unternehmen mit Verkaufsinteressen und auch für uns Journalisten ist es fast unüberschaubar geworden. Dieser neue Trend erlaubt es Firmen, viele neue Produkte mit wenigen Kohlenhydraten auf den Markt zu werfen. Sie haben dazu ihre Verlage, ihre Seminare und ihre Buchautoren sowie dazu eigens eröffnete Foren und deren Mitarbeiter, die hinter den Kulissen mit Sprüchen wie „unterlassene Hilfeleistung" drohen, wenn man ihre Produkte nicht weiter empfiehlt. Im Gegenzug wird nur sehr oberflächlich auf biologische und medizinische Fragen eingegangen.

Das ist Grund genug, einmal kritisch nachzudenken. Übergewichtige und kranke Menschen waren schon immer ein lukrativer und leichtzugänglicher Markt für die Nahrungsmittelindustrie. Trotz den Skandalen um BSE, Genmanipulation und Hormonbehandlung ist es immer noch möglich, zu genießen und immer wichtiger, sich natürlich zu ernähren.

Die Ernährung ist nicht nur Energie- und Nährstoffzufuhr und somit Basis für die Lebenserhaltung. Ernährung ist auch soziale Interaktion, Kultur, Tradition und Genuss.

Unser Körper ist auf die Nahrung angewiesen, um leistungsfähig und gesund zu bleiben.

Die Ernährungsform „Low Carb" braucht keine zusätzlichen Nahrungsergänzungsmittel.

Ernährungswissenschaftler möchten uns erklären, wie wir uns gesund zu ernähren haben, leider ist es aber so, dass sie sich in ihren Daten oft widersprechen.

Im Volksmund werden Kohlenhydrate eine Rolle in der seelischen Gesundheit beigemessen – man hat es uns seit vielen Jahren so beigebracht. Stressanfällige Menschen leiden zeitweise unter Depressionen und glauben ihre Stimmung durch eine kohlenhydratreiche Ernährung beeinflussen zu können. Eine eiweißreiche Nahrung hat den gleichen Effekt, belastet aber nicht so sehr den Stoffwechsel. Welche Informationen zur Ernährung und Gesundheit sind glaubwürdig und wirklich fundiert?

Über Kohlenhydrate wird nun seit ein paar Jahren viel geredet und viele fragen sich, was Kohlenhydrate eigentlich sind. Kohlenhydrate (KH) bestehen aus Zuckermolekülen. Das heißt aber nicht, dass alle kohlenhydratreichen Lebensmittel auch süß schmecken. Zum Beispiel enthalten Getreide (Brot, Kuchen, Nudeln) Kartoffeln oder Reis sehr viele Kohlenhydrate und auch in Obst sind sie reichlich vorhanden! Wer also täglich seine fünf Portionen Obst am Tag isst, so wie es seit vielen Jahren empfohlen wird, hält seinen Zuckerspiegel damit konstant im oberen Bereich.

Low Carb (LC) ist ein englischer Begriff und bedeutet: „wenig Kohlenhydrate".

Es geht darum, die Kohlehydratzufuhr in der täglichen Nahrung deutlich zu reduzieren.

Es gibt sehr viel Literatur zum Thema Low Carb – ob Anhänger oder Gegner der LC-Ernährung, die Sachverhalte werden unterschiedlich beschrieben.

Mit einer falschen Ernährung können folgende Krankheiten entstehen:

- Allergien
- Akne
- Bluthochdruck
- Diabetes
- Gicht
- Harnwegsinfekte
- Herz- und Gefäßkrankheiten
- Immunerkrankungen
- Krebs
- Migräne
- Osteoporose
- Pilzerkrankungen
- Psychiatrische Erkrankungen
- Rheuma
- Stoffwechselstörungen
- Übergewicht/Adipositas
- Chronische Darmerkrankungen

Im Schaub Institut gibt es über 200 Bücher und Unterlagen von verschiedenen Ernährungsformen. Fast alle kommen zu einem gemeinsamen Ergebnis, dass zwischen Nahrungswahl und Gesundheitszustand ein Zusammenhang besteht.

Unsere Verdauungsorgane sind das Wurzelsystem unseres Körpers. Verbraucher sollten die Zutatenliste vieler vermeintlich gesunder Lebensmittel genauer unter die Lupe nehmen. Besonders kritisch für Betroffene ist zugesetzte „freie" Fruktose auf Getreidebasis, die nicht aus den im Lebensmittel verarbeiteten Früchten stammt.

Einige Gesundheitsfaktoren, die so subtil sein können, dass selbst ein guter Mediziner sie nicht für ernst nimmt, können das Abnehmen erschweren oder sogar zur Gewichtszunahme führen. Vielleicht liegt es an der Schilddrüse oder an der Stoffwechselstörung: Polyzystische Ovarialsyndrom, Nahrungsmittelunverträglichkeiten?

Die Schilddrüse ist für den Energiestoffwechsel verantwortlich. Frauen leiden mehr als Männer unter einer Schilddrüsenunterfunktion. Diese sorgt für einen langsameren Stoffwechsel. Dadurch gibt es große Schwierigkeiten beim Abnehmen und es kommt oft sogar zur Gewichtszunahme.

Außerdem leiden die Patienten oft an:

➤ Haarausfall

➤ trockener Haut

➤ Gelenkschmerzen

➤ Muskelschwäche

➤ Ermüdung

Der Arzt kann den TSH-Gehalt im Blut überprüfen. Einige Frauen haben das Polyzystische Ovarialsyndrom. Das ist eine Stoffwechselstörung, bei der die Eierstöcke zu viel des männlichen Hormons Testosteron produzieren. Dies kann neben Unfruchtbarkeit eine Insulin-Resistenz hervorrufen, welche eine übermäßige Fettspeicherung insbesondere an den Hüften begünstigt. Solche Frauen haben eine unregelmäßige Regelblutung, Akne, verstärkte Gesichts- und Körperbehaarung und große Schwierigkeiten „Schwanger" zu werden.

Ein Gynäkologe oder Internist kann den Hormonspiegel von Testosteron, Progesteron und Östrogen bestimmen und die Eierstöcke nach Zysten untersuchen.

Folgende Symptome können bei Nahrungsunverträglichkeiten auftreten:

➤ Aufgebläht sein

➤ Verstopfung

➤ Diarrhöe/Durchfall

➤ Asthma

➤ Ekzeme

➤ Muskelschmerzen

➤ Gelenkschmerzen

➤ Erschöpfung

➤ Kopfschmerzen

➤ Gewichtsschwankungen

Auch die Einnahme von bestimmten Medikamenten führt oft als Nebenwirkung zu einer „Gewichtszunahme". Dazu gehören die Anti-Baby-Pille, Steroide und Antidepressiva.

Parkinson gehört neben Demenz und Alzheimer zu den häufigsten degenerativen Erkrankungen des zentralen Nervensystems

Parkinson entsteht durch eine beschleunigte, kontinuierliche Rückbildung wichtiger Nervenzellen im Gehirn, die für die Herstellung des Neurotransmitters Dopamin verantwortlich sind. Sind 60 bis 70 Prozent der Dopamin produzierenden Nervenzellen zerstört, kommt es zu den bekannten Symptomen.

Die Frühsymptome der Parkinson Krankheit werden von den Ärzten oft nicht erkannt. Diese Krankheit beginnt schleichend und kann über Jahre unspezifische Symptome aufweisen. Erst im mittleren Krankheitsstadium, wenn Zittern oder Muskelsteifigkeit auftreten, wird die Krankheit erkannt. Bis zu diesem Zeitpunkt sind die Beschwerden meist unspezifisch und für die Betroffenen wie für den Arzt nur schwer zu erkennen.

Bei einer frühen Diagnose kann das Fortschreiten dieser degenerativen Nervenerkrankung jedoch durch eine gezielte Therapie deutlich verlangsamt werden.

Betroffene registrieren zu Krankheitsbeginn oft häufige Schmerzen im Nacken-Gürtel-Schulter-Bereich oder eine Bewegungsverlangsamung, Steifigkeit und eine diskrete Veränderung im Gang-Bild oder Körperhaltung.

Auch die Mimik der Kranken ist reduziert und das Schriftbild kleiner sowie die Stimme monoton und leise.

Bei Krankheitsbeginn leiden zirka 20 Prozent an einer Depression und innerer Unruhe oder Schlafprobleme. Je früher eine wirksame Therapie begonnen wird, desto größer sind die Chancen, den Verlauf der Krankheit zu verlangsamen. Bei einer frühen Diagnose können Lebensqualität und Alltagsfähigkeit deutlich länger erhalten werden!

Immer mehr Menschen unter 40 Jahren erkranken an Parkinson. Die Zahl der Neuerkrankungen wird sich laut Experten-Schätzung in den kommenden 25 Jahren verdoppeln.

Zirka 300.000 Menschen in Deutschland leben mit Morbus Parkinson und es kommen pro Jahr zirka 20.000 diagnostizierte Neuerkrankungen hinzu. Seit ein paar Jahren diskutiert jetzt die Fachwelt, ob sich die ketogene Diät (zum Beispiel Low Carb „Kohlenhydratarme Ernährung") auch bei Erkrankungen wie Alzheimer oder Parkinson positiv auswirken könnte. Der Grund für die positive Wirkung von kohlenhydratarmer Kost könnten die so genannten Keton-Körper sein, die die Leber während der Ketose als Energieträger bildet.

Zum Beispiel drosselt möglicherweise die Ketose bei Epilepsie die Hyperaktivität der Gehirnzellen. Es gibt heute vereinzelte Studien mit Alzheimer- oder Parkinson-Patienten, die mit dieser Diät-Form positive Wirkungen zeigten.

> Bei Alzheimer-Patienten ist die Verwertung von Glukose im Gehirn verringert.

> Bei Parkinson-Patienten spielt das Entstehen eines Defekts in den Mitochondrien eine Rolle.

Es wird schon lange vermutet, dass Keton-Körper bei der kohlenhydratarmen Ernährung (Low Carb) eine positive Wirkung auf unseren Stoffwechsel haben.

Die Keton-Körper werden von der Leber während der Ketose als Energieträger gebildet. Vermutet wird, dass die Ketose während der Low Carb-Diät einen positiven Einfluss auf die Hyperaktivität von Gehirnzellen zum Beispiel bei Epilepsie-Patienten nimmt.

Die Zellatmung im Gehirn wird gesteigert wenn anstelle von Glukose (Zucker = Kohlenhydrate werden im Körper in Zucker verwandelt) Keton-Körper zur Energiegewinnung vom Körper verbrannt werden müssen.

Ein Enzymdefekt ist dafür verantwortlich, wenn bei manchen Menschen die Glukose im Gehirn nicht vollständig verbrannt werden kann. Es gibt aber auch die Möglichkeit, dass bei diesen Menschen keine ausreichende Menge von Glukose im Gehirn ankommt und verantwortlich ist dafür der so genannte Glut 1-Defekt.

Dr. Jörg Klepper (Kinderarzt) von der Kinderklinik in Aschaffenburg berichtete schon vor einigen Jahren in einer Fachzeitschrift von durchschlagenden Erfolgen. Seine Studie: 94 Prozent der Patienten (Glut 1-Defekt) mit „ketogener Kost" waren von epileptischen Anfällen befreit. Eine ketogene Diät (Ernährungsumstellung) ist eine kohlenhydratreduzierte, protein- und fettreiche Ernährung. Werden keine Kohlenhydrate (Zucker, alle Lebensmittel aus Mehl, Kartoffeln, Reis, süßem Obst, Milchzucker) mehr zugeführt, muss der Körper sich eine andere Energiequelle suchen und das ist das Fett.

Auch für den Muskelaufbau ist eine eiweißreiche Kost unterstützend. Da es nun keine Kohlenhydrate mehr im Körper gibt, wandelt der Körper Fette in Keton-Körper um.

Das nennt man Ketose.

Keton-Körper haben eine hungerstillende Wirkung!

Glutamat könnte folgende Störungen verursachen:

- Depressionen
- Chronische Verstopfung der Nasenschleimhäute
- Herzjagen
- Herzklopfen
- Hirnschäden (Läsionen)
- Hyperaktivität
- Konzentrationsschwäche
- Wachstumsstörung
- Schweißausbrüche
- Mundtrockenheit
- Sodbrennen
- Ungewöhnlicher Durst
- Frösteln
- Gerötete Hautpartien
- Stresswirkungen
- Gesichtsmuskelstarre
- Kopfschmerzen
- Nackentaubheit
- Gliederschmerzen
- Allgemeine Schwäche
- Magen- und Darmprobleme

- ➢ Übelkeit

- ➢ Erbrechen

- ➢ Durchfall

- ➢ Bluthochdruck

- ➢ Migräne

- ➢ Begünstigt Alzheimer

- ➢ Multiple Sklerose

- ➢ Parkinson

- ➢ Augenschäden

- ➢ Heißhunger

Inzwischen weiß man, dass Glutamat bei Krankheiten wie Alzheimer, Multipler Sklerose oder Parkinson eine unheilvolle Rolle spielt.

Die Sinneswahrnehmung wird deutlich eingeschränkt und die Lernfähigkeit und das allgemeine Konzentrationsvermögen nehmen nach Einnahme von Glutamat bis zu mehrere Stunden lang nachhaltig ab.

Bei Allergikern kann Glutamat epileptische Anfälle bewirken oder sogar zum Soforttod durch Atemlähmung führen. Nach Meinung des an der Hirosaki Universität in Japan tätigen Forschers Dr. Ohguro ist Glutamat auch für eine Schädigung der Augen verantwortlich.

Fest steht aber, dass Konzentration und Lernfähigkeit durchaus mit einer intelligenten Auswahl der Speisen und Getränke verbessert werden können.

Und wer sich so ernährt, dass er weniger vergisst, hat auch gleich bessere Laune. Die Wechselwirkung von Ernährung und Gesundheit ist evident und gerade angesichts der Kostenexplosion im Gesundheitswesen sollte sich jeder darauf besinnen, was er selbst für seine Gesundheit tun kann.

Man muss auch kein Ernährungswissenschaftler sein, um eine gesunde und schmackhafte Ernährung, die sich nebenbei auch positiv auf eine schöne Haut auswirkt, auf den Tisch zu zaubern.

Es ist kein Wunder, dass sich Mangelerscheinungen zuerst an Haut, aber auch an Nägeln und Haaren bemerkbar machen. Viele einseitige Diäten wirken sich in der Regel negativ auf unseren Körper aus.

Gepflegt wird die Haut von außen, aber ernährt und aufgebaut wird sie durch unsere tägliche Nahrung. Unser Verdauungssystem löst sie aus der Nahrung und unser Blutkreislauf bringt sie an die Stellen, wo sie gebraucht werden, bis in jede Hautzelle. Gleichzeitig nimmt das Blut die Abbaustoffe auf, transportiert sie zur Entgiftung in Leber und Niere und übernimmt die Entsorgung. Je reibungsloser dieser Ab- und Aufbau funktioniert, desto schöner werden wir.

Der Mensch hat durchschnittlich 100.000 Haare. Ein Haar fällt spätestens nach sechs Jahren aus und macht einem neuen Haar Platz. Damit kräftige Haare wachsen, die fest in der Kopfhaut verankert sind, benötigt der Körper Bausubstanz und wichtige Hilfsmittel in Form von Vitaminen und Spurenelementen. Die Grundsubstanz der Haare ist Eiweiß.

Omega-3 Fettsäuren sorgen für eine gesunde Kopfhaut und schönes Haar. Eine kohlenhydratarme Ernährung (Low Carb) sorgt für einen hohen Gehalt an Omega-3 Fettsäuren (Lachs, Rindfleisch, Eier, Leinsamen etc.).

Die Haarwurzelzellen gehören mit zu den teilungsaktivsten Zellen des menschlichen Körpers und erfordern einen hohen Stoffwechselumsatz, der viele Nährstoffe wie Vitamine und Spurenelemente benötigt. Da der Körper von vielen dieser Substanzen keine Depots bilden kann, muss er sie in ausreichenden Mengen über die Ernährung aufnehmen.

Natürlich sind die Erkrankungen ein Stachel im Fleisch unseres Alltags und bringen uns um den Schlaf. Schon seit vielen Jahren versuchen nun die Wissenschaftler eine erfolgreiche Methode gegen all diese vielen Zivilisationskrankheiten zu finden. Besonders die Pharmaindustrie verspricht mit magischen Pillen manche Krankheit zu heilen, aber immer mehr Menschen müssen sich trotz aller Bemühungen mit ihrer Krankheit abfinden.

Die kohlenhydratarme Ernährungsform (Low Carb) könnte ein mächtiger Verbündeter sein und vielleicht ein Retter für manche Kranken.

Low Carb Gegner schreiben immer, dass es bei einer kohlenhydratreduzierten Ernährung zu den berüchtigten Konzentrationsschwächen oder zu schlechten Gehirnleistungen kommen könnte. WIR können aber bestätigen, dass unsere Zeit mit Low Carb eine gute Zeit ist, denn wir konnten mit dieser Ernährungsmethode unsere Gesundheit verbessern. Probieren Sie es doch selbst einmal aus und leben Sie ein paar Wochen nach Low Carb.

Low Carb Infos kurz zusammengefasst

Low Carb (LC) ist ein englischer Begriff und bedeutet: „wenig Kohlenhydrate". Es geht darum, die Kohlehydratzufuhr in der täglichen Nahrung deutlich zu reduzieren. Es gibt sehr viel Literatur zum Thema Low Carb – ob Anhänger oder Gegner der LC-Ernährung, die Sachverhalte werden unterschiedlich beschrieben.

Eine „Kohlenhydratarme Ernährung" korrigiert den gestörten Stoffwechsel und hilft das Übergewicht zu verringern. Der Blutzucker wird durch diese Ernährungsweise stabilisiert.

Diese Art der Ernährung entlastet den Körper in vielen Bereichen. Bei einer Reduzierung der Kohlenhydrataufnahme wirkt sich das nicht nur positiv auf den Blutzuckerspiegel aus, sondern auch auf die Bauchspeicheldrüse. Sie schaltet bei der Produktion des Hormons Insulin einen Gang runter, dadurch wird die Gefahr gebannt z. B. an Diabetes zu erkranken.

Eine „Kohlenhydratarme Ernährung" bedeutet nicht auf Kohlenhydrate völlig zu verzichten. Diese Ernährung steht für eine verminderte Aufnahme von Kohlenhydraten.

Die Befürchtung bei der Ernährungsumstellung eine Mangelerscheinung zu bekommen, kann widerlegt werden.

Die LC Ernährung wird bei folgenden Krankheiten eingesetzt:

- Diabetes Typ 2
- Rheuma
- Gicht
- MS (Multiple Sklerose)
- Migräne
- Verstopfung
- Blähungen
- Sodbrennen
- Krebs
- Epilepsie
- Übergewicht/Adipositas
- AD(H)S
- Hautausschlägen
- Akne
- erhöhte Cholesterinwerte
- Magen- & Darmgeschwüren sowie Reizdarm
- Entzündungsprozessen der Schleimhäute

Positiv könnte sich die Low-Carb Ernährung auch auf folgende Krankheiten auswirken:

➤ Schizophrenie

➤ Parkinson

➤ Alzheimer

➤ Autismus

➤ Wechseljahresbeschwerden

➤ Pubertät

Kohlenhydratarme Rezepte

© 2015 Jutta Schütz – mit freundlicher Genehmigung!

Dieses Rezept stammt aus dem Buch: Scheherazades LOW CARB Rezepte

(Orientalische Rezepte - das sind kulinarische Köstlichkeiten aus 1001 Nacht)
Dieses Kochbuch ist auch für Diabetiker geeignet. Autorin: Jutta Schütz

Herstellung und Verlag: BoD – Books on Demand, Norderstedt

ISBN: 978-3-7357-3751-9

Kalif Raschids sauer eingelegtes Gemüse

Zutaten:

- 200 g Rettich
- 1 kleine Möhre
- 200 g Salatgurke
- 100 g Fenchel
- 1 Lauchzwiebel
- 1 Zitrone
- 1 EL Fenchelsamen
- 1 TL Koriandersamen
- 1 Zimtstange
- 300 ml Weißweinessig
- ½ EL Streusüße
- 100 g grüne Oliven
- 1 EL Salz

Zubereitung:

Rettich, Möhre, Salatgurke, Fenchel und Lauchzwiebel waschen und in dünne Scheiben schneiden. Gemüse in der Schüssel mit 1 EL Salz mischen, zirka 40 Minuten ziehen lassen. Das Gemüse in ein Sieb geben und mit kaltem Wasser abspülen, gut abtropfen lassen.

Zitronenschale mit einem Messer dünn abschälen und die Frucht auspressen. Fenchelsamen, Koriandersamen und Zimt im Mörser zerdrücken. Zitronenschale, den Saft, Weißweinessig, Gewürze, und Streusüße mischen.

Das Gemüse mit den Oliven in ein großes, steriles Einmachglas füllen, mit Essigmischung übergießen. Abgedeckt 4 Stunden in den Kühlschrank stellen. Das Glas hält sich gekühlt 3 – 4 Tage.

Falafel

Zutaten:

- ➢ 300 g getrocknete Kichererbsen
- ➢ 1 EL Eiweißpulver, 1 TL Backpulver
- ➢ 1 Knoblauchzehe, 1 Lauchzwiebel, 2 Zitronen
- ➢ 1 kleiner Bund Petersilie, 2 Stängel Koriandergrün
- ➢ 2 TL gemahlener Kreuzkümmel, 1 TL gemahlener Rosmarin
- ➢ 1 TL Paprikapulver (süß), ½ TL Cayennepfeffer
- ➢ ½ TL Salz, 2 – 3 Prisen Pfeffer
- ➢ Öl zum Frittieren (zirka ½ L)
- ➢ 2 – 3 EL Wasser

Zubereitung:

Kichererbsen 14 Stunden in reichlich Wasser einweichen. Die Lauchzwiebel, den Knoblauch schälen, grob würfeln. Petersilie und Koriander waschen, die Blätter von den Stielen zupfen und grob hacken. Die Zitrone auspressen.

Einweichwasser von den Kichererbsen abgießen und diese mit den Kräutern und Knoblauch fein pürieren. Dabei den Zitronensaft und etwas Wasser (2 – 3 EL) zugeben. Die Gewürze hinzufügen und mit Salz und Pfeffer würzen. Eiweißmehl und Backpulver untermischen. In einem kleinen Topf (zirka 5 cm hoch) das Öl erhitzen. Aus dem Kichererbsenteig walnussgroße abgeflachte Bällchen formen.

Mit einem Holzstäbchen testen, ob das Fett heiß genug ist. Wenn Bläschen an dem Stäbchen aufsteigen, ist die richtige Temperatur erreicht.

Die Kichererbsen-Bällchen im heißen Fett portionsweise zirka 5 Minuten frittieren, bis sie goldgelb sind, dabei einmal wenden.

Scheherazades GESUNDE KOST

(Orientalische Rezepte - das sind kulinarische Köstlichkeiten aus 1001 Nacht)

© *2014 Jutta Schütz & Heike Führ*

Herstellung und Verlag: BoD – Books on Demand, Norderstedt

ISBN-13: 978-3735732804

Tofu-Bratlinge mit Sauerkraut

Zutaten:

- ➢ 1 große Dose Sauerkraut
- ➢ 300 g Räuchertofu
- ➢ 2 Zwiebeln, 5 Eier
- ➢ 5 EL Frischkäse
- ➢ 150 g saure Sahne
- ➢ 2 TL Zitronensaft
- ➢ 5 EL Olivenöl
- ➢ 1 TL gemahlener Koriander
- ➢ ½ TL gemahlener Kreuzkümmel
- ➢ ½ TL Currypulver
- ➢ ½ TL Paprikapulver
- ➢ 2 – 3 Prisen Chilipulver (Schärfe 7 – 8)
- ➢ ½ TL Salz
- ➢ 3 Prisen Pfeffer
- ➢ 2 EL frischer Schnittlauch

Zubereitung:

Das Sauerkraut gut ausdrücken und klein schneiden.

Den Räuchertofu mit einer Gabel zerdrücken.

Zwiebeln schälen und in kleine Würfel schneiden.

Sauerkraut, Tofu und Zwiebeln in einer Schüssel mischen und die Eier, saure Sahne, Frischkäse, Kreuzkümmel, Koriander, Paprikapulver, Chilipulver und Currypulver zufügen.

Mit Salz, Pfeffer und Zitronensaft abschmecken.

Bratlinge formen.

Eine große Pfanne heiß werden lassen, das Olivenöl hinzu geben und die Bratlinge von beiden Seiten mehrere Minuten anbraten.

Schnittlauch in kleine Stifte schneiden und über die Bratlinge streuen.

Buchtipp: Low Carb: Für Berufstätige
Autorin: Jutta Schütz
Verlag: Books on Demand – für nur 3,90 Euro
ISBN-10: 3732243281 - ISBN-13: 978-3732243280

Inhaltsverzeichnis: Einleitung und Tipps

Fleischgerichte: Hackfleischbällchen, Hackfleischpfanne, Panierte Schweine-Schnitzel, Hähnchen, Weißkohlsalat mit Schinken, Hackfleisch-Muffins, Spargel-Schinken-Röllchen, Wurstsalat, Hackfleisch mit Joghurt, Lammfleisch Süß-Sauer,

Vegetarische Low Carb Rezepte: Chili-Tofu-Bällchen, Feta-Bratlinge, Gerollte Ei-Bällchen, Tofu mit Sesam, Schafskäse mit Blumenkohl, Kichererbsen-Zwiebelkuchen, Kichererbsen-Lasagne, Rosenkohl-Pizza, Ei-Brotaufstrich, Zucchini-Auflauf,

Backrezepte: Körnerbrot, Mandel-Brot, Kekse, Walnuss-Waffeln, Cracker, Hefeteig für Pizza und Kuchen, Kichererbsen-Pfannkuchen, Beeren-Müsli, Frischkäsebrötchen, Quark-Butter-Brötchen, Gewürzkuchen, Russischer Zupf-Kuchen, Käse-Croissants, Beeren-Brot,

Sonstige Rezepte: Schokoladenglasur, Schokoladencreme-Ersatz, Kräuter-Quark, Mango-Zucchini-Creme, Natürliches Glutamat herstellen, Apfel-Quark, Zwiebel-Schmand-Brotaufstrich, Griechische Hirtencreme, Backen im Glas, Was bedeutet Low Carb?